見出された命

聖句断想6

小島誠志

教文館

目次

装画　渡辺総一
装幀　熊谷博人

理不尽な父

ところが、あなたのあの息子が、娼婦どもと一緒にあなたの身上を食いつぶして帰って来ると、肥えた子牛を屠っておやりになる。

ルカによる福音書一五章三〇節

放蕩息子の兄の言葉です。彼は間違えたことは言っておりません。正しいことを言っています。放蕩に身を持ち崩し、父親の財産を食いつぶして（父親の名をさんざん傷つけて！）帰ってきた「あなたの息子」を、なぜそんなに欣喜雀躍《きんきじゃくやく》して迎えるのか。あってはならないことです。理不尽です。

そのあってはならない理不尽を父なる神はなさいました。迎えられている放蕩息子はわたしたちだ、ということに気付いていますか。

塵に口をつけよ

塵に口をつけよ、望みが見いだせるかもしれない。

哀歌三章二九節

いっさいの抗弁、言い訳、正当化を止めて、地に身を投げ出すのです。
そのとき、傷つき汚れた体を支えている大地に気付きます。
神のあわれみの御手に抱《いだ》かれている自分に。

忍耐

わたしたちは知っているのです、苦難は忍耐を……生むということを。

ローマの信徒への手紙五章三、四節

苦難が必ず忍耐を生むというわけではありません。人は苦難によって追いつめられ、ゆがめられ、押しつぶされてしまいます。

しかし、「わたしたちは知っているのです」、苦難のただ中に主イエスは共にいてくださり、支え、生かし、励ましてくださることを。主が共に歩んでくださる者にとって、苦難はその向こうにある新たな恵みの世界へと開かれる扉です。だから、わたしたちは主と共に「忍耐」します。

嘆願する ― 祈る

友よ、パンを三つ貸してください。旅行中の友達がわたしのところに立ち寄ったが、何も出すものがないのです。

ルカによる福音書一一章五、六節

夜中に訪ねてきたことを考えても、友達は切羽つまった事情の下にあるのです。友達の困窮を背後にして、もう一人の友人にパンを求めないではいられなかったのです。

人はだれでも自分の問題だけでなく、隣人の困窮を担って生きています。しかし、手元に差し出すパンがありません。もう一人の友人――神のもとに行って嘆願しないではいられません。神に嘆願する――祈ることによって、人は神の下に低くされ、低くされた人間が隣人に何かを与える存在に変えられるのです。

しんがり

あなたたちの……しんがりを守るのもイスラエルの神だから。

イザヤ書五二章一二節

赤ん坊は自分で自分のことを始末することができません。空腹のときも、具合が悪いときも、下《しも》の始末も、泣いてだれかを呼ぶだけです。

それはわたしたちに似ています。わたしたちも自分の歩いた道の始末をすることができないのです。真っ白い雪道に汚ない足跡を残すように、取り返しのつかないことを背後にしながら生きているのです。

しかし、そのわたしたちのしんがり（うしろ）を神は歩いていてくださいます。一つ一つきちっと後始末をしながら。汚れた跡を清めながら。この神のあわれみ――イエス・キリストの贖いがあるから、わたしたちのような罪人も希望をもって前に向かうのです。永遠の命に。

正気になって座っている

汚れた霊どもは出て、豚の中に入った。すると、二千匹ほどの豚の群れが崖を下って湖になだれ込み、湖の中で次々とおぼれ死んだ。

マルコによる福音書五章一三節

悪霊とは、特に無気味な恐ろしい霊というわけではありません。一人ではいられず、人の群れの中にまぎれ込むのです。みんなと一緒に走ります。みんなと一緒に滅亡します。

主イエスに出会い、いやされた者は、一人の主体的な人間になります。救い主のもとで安らかに座っているのです。不安に駆られて、みんなと一緒に走らなくてもいいのです。

地下からの賛美

天上のもの、地上のもの、地下のものがすべて、イエスの御名にひざまずき、すべての舌が、「イエス・キリストは主である」と公に宣べて、父である神をたたえるのです。

フィリピの信徒への手紙二章一〇、一一節

神は光を創造されました。その光の中にすべての被造物を造られたのであります。「地下」とは、その光の届かない世界であります。罪によってゆがみ屈折した人間は、そこまで自分をおとしめるのであります。

その堕ちた人間を追い求め、見出すために、救い主は「へりくだって、死に至るまで、それも十字架の死に至るまで従順でした」（八節）。ですから、救い主に見出された地下のものたちからも、賛美の声が湧き上がるのであります。

主はモーセを葬られた

主は、モーセをベト・ペオルの近くのモアブの地にある谷に葬られたが、今日に至るまで、だれも彼が葬られた場所を知らない。

申命記三四章六節

神が、手ずからモーセを葬られました。その意味は深いのです。だれよりもよくモーセの働きを知り、苦労を知る方。同時に、だれよりも深くモーセの弱さやあやまちをも知っておられる神。その神がモーセを痛み、受容され、抱かれたのです。

どんな人物の生涯にも人々の毀誉褒貶《きよほうへん》はあります。しかし神は、信仰をもって生き抜いた者を人々の評価や採点の中にとどめることを望まれません。ご自身の赦しと救いと栄光の命の中に引き入れられるのです。

見出された命

ドラクメ銀貨を十枚持っている女がいて、その一枚を無くしたとすれば、ともし火をつけ、家を掃き、見つけるまで念を入れて捜さないだろうか。

ルカによる福音書一五章八節

銀貨が見失われてどこか床の隅に転がっているというのであれば、その銀貨の存在には何の意味もありません。人に捜し出されて、手に取られて、初めて価値あるものとなるのです。

人も同じです。神に見出され、神の御手に捕らえられて、人は自分の存在の意味を知ります。神の御手の中でこそ人の命はかけがえがないのです。

独り子さえ

御使いは言った。「その子に手を下すな。何もしてはならない。あなたが神を畏れる者であることが、今、分かったからだ。あなたは、自分の独り子である息子すら、わたしにささげることを惜しまなかった」。

創世記二二章一二節

アブラハムは焼き尽くす献げ物として「自分の独り子である息子すら」惜しみませんでした。そのアブラハムの痛切な苦しみに、神は耐えることができませんでした。それで「もう分かった、もういい」と言われたのです。

それで、神ご自身が、その愛する独り子を、人の罪を贖うために差し出されました。わたしたちの救いは、わたしたちに代わる神ご自身の極限の痛みと苦しみによって与えられているのです。

人里離れた所

使徒たちはイエスのところに集まって来て、自分たちが行ったことや教えたことを残らず報告した。イエスは、「さあ、あなたがただけで人里離れた所へ行って、しばらく休むがよい」と言われた。

マルコによる福音書六章三〇、三一節

それなりの成果を得て、興奮して帰ってきた弟子たちにイエスは言われました。「人里離れた所へ行って、しばらく休むがよい」と。
ただ休息せよと言われたのではありません。人々から離れ、一人神の前に立て、と言われたのです。弟子たちはそこで神の力と慰めを受けなければなりません。そして再び人々の中へ遣わされるのです。神の下に安らぐ、という原点なしに神の国の働きをすることはできないからです。

逆風の海で

弟子たちは、イエスが湖上を歩いておられるのを見て、「幽霊だ」と言っておびえ、恐怖のあまり叫び声をあげた。イエスはすぐ彼らに話しかけられた。「安心しなさい。わたしだ。恐れることはない」。

マタイによる福音書一四章二六、二七節

教会に吹き付ける逆風はさまざまに分析することができます。無知、偏見、ゆがんだナショナリズム。しかし、それらを詳しく正確に分析しても、この波風を乗り切ることはできません。おびえて沈んでしまいます。荒《すさ》ぶ海の真ん中に立っておられる救い主イエスを見出すのでなければ。

この主と出会うことによってだけ、教会は二千年生きてきました。

生きる

あなたたちの神、主が命じられた道をひたすら歩みなさい。そうすれば、あなたたちは命と幸いを得、あなたたちが得る土地に長く生きることができる。

申命記五章三三節

人は、意志して自分の命を生かすことはできません。孤軍奮闘、あくせくして疲れ果てるだけです。

神の言葉に聞き、信頼して歩き始めるのです。光を浴びた樹木のように、おのずから根を張り、伸びて行きます。

油

愚かなおとめたちは、賢いおとめたちに言った。「油を分けてください。わたしたちのともし火は消えそうです」。

マタイによる福音書二五章八節

初めはだれも油を用意していました。夜がふけ、闇が深くなったとき、愚かなおとめたちの油は切れました。

油は祈りです。愚かなおとめたちは、あまりの暗さに耐えられず、あきらめて投げ出したのです。深い闇の中で手放さなかった祈りが、やがて応えられるときが来ます。

ユダの絶望

「わたしは罪のない人の血を売り渡し、罪を犯しました」。……ユダは銀貨を神殿に投げ込んで立ち去り、首をつって死んだ。

マタイによる福音書二七章四、五節

ユダは自分の犯した罪をぬぐい去りたいと思いました。が、裏切りの代価銀三十枚を返しても清算できません。絶望して自死の道を選びました。

人はだれでも生きてきた過去への悔恨を持っています。いつかその悔恨に追いつめられるときが来ます。もはや取り返しがつかないと思うのです。

しかし、取り返しがつかないわたしたちの人生を救うために、主イエスは不当な裁きを受け、十字架に向かわれていることを忘れてはなりません。

ピラトは負け……

ピラトは、「いったいどんな悪事を働いたというのか」と言ったが、群衆はますます激しく、「十字架につけろ」と叫び続けた。

マタイによる福音書二七章二三節

この場合、死刑にする権限を持っているのは総督ピラトでした。彼は気が進みませんでした。イエスが有罪だとはどうしても思えなかったのです。しかし、彼は群衆の声に圧倒されました。罪のない方の十字架刑が確定しました。

群衆が勝ったわけではありません。神の御心が勝利したのです。罪の人間を愛し、十字架によってこれを救う神の御心が。

真っ二つに裂け

しかし、イエスは再び大声で叫び、息を引き取られた。そのとき、神殿の垂れ幕が上から下まで真っ二つに裂け、地震が起こり、岩が裂け、墓が開いて、眠りについていた多くの聖なる者たちの体が生き返った。

マタイによる福音書二七章五〇、五一節

「真っ二つに裂け」た、というのは実に爽快な表現です。人間を神から隔てていた重い垂れ幕は、きれいさっぱり破り取られたのです。

「地震が起こり、岩が裂け」、固く閉ざされていた死の世界の扉がガラガラと開き、死者たちは躍り出てきました。十字架で神の子イエスの贖いが成し遂げられたそのときからです。

疑う者も

イエスに会い、ひれ伏した。しかし、疑う者もいた。

マタイによる福音書二八章一七節

復活したイエスに出会いながら、弟子たちの中には疑う者もいました。幻影を見ているのではないか、と。しかし、弟子たちは伝道の働きの中で分かってくるのです。共に働いていてくださる方の存在が。しだいに、はっきりと。

復活の主の御業を見せていただくことで教会は生きてきました。これからもそうです。

聞く人

わたしの話した言葉によって、あなたがたは既に清くなっている。

ヨハネによる福音書一五章三節

清くなるためになお、修行をしなければならない、と言われているのではありません。イエスの言葉に聞いている、まさにそのとき、人は清くされているのです。

水をぶどう酒に

このぶどう酒がどこから来たのか、水をくんだ召し使いたちは知っていたが、世話役は知らなかった……。

ヨハネによる福音書二章九節

召し使いたちは水を運びました。その水が最上のぶどう酒になったとき、召し使いたちはその理由を知りました。

弟子たちは拙い言葉で語ります。拙い言葉でしか語れません。しかし、その言葉を、人を生かす命の水に変えてくださる方がいるのです。弟子たちはそのことを知っています。だから、くじけずに語り続けるのです。

光となる

すべてのものは光にさらされて、明らかにされます。明らかにされるものはみな、光となるのです。

エフェソの信徒への手紙五章一三、一四節

暗闇の中で罪は見えません。神の光に照らし出されて罪の罪たることが明らかにされます。光に照らされて自分の罪が見えたときから、人は光の衣を着せていただき、神の子とされているのです。

贖い主の声

「ラザロ、出て来なさい」と大声で叫ばれた。すると、死んでいた人が、手と足を布で巻かれたまま出て来た。

ヨハネによる福音書一一章四三、四四節

罪の結果として完全に死んでいた人が（そうでない人間はいません）、よみがえったのです。彼の中に命の可能性があったからでは全くなく、ただ罪の贖い主イエスが、名前をもって呼び出してくださったからです。

賢い者は

愚かな者としてではなく、賢い者として、細かく気を配って歩みなさい。

エフェソの信徒への手紙五章一五節

愚かな者は、内なる欲求に従って突進します（自分に正直、と人は言います）。賢い者は、神の御心が何であるか問いながら行動します。そのようにして、自分が正されつつ生きることを、信仰の歩み、と言います。

あなたがたが

「群衆を解散させてください……」。イエスは言われた。「行かせることはない。あなたがたが彼らに食べる物を与えなさい」。

マタイによる福音書一四章一五、一六節

夕暮れになりました。飢えた群衆が迫っています。弟子たちは追いつめられます。この切迫した群衆の求めに対応できない、と思うのです。「群衆を解散させてください」。

イエスは「あなたがたが彼らに食べ物を」と言われます。弟子たちを群衆に向けて押し出されます。背後に救い主イエスがいてくださいます。逃げてはいけないのです。

最後の連中

最後に来たこの連中は、一時間しか働きませんでした。まる一日、暑い中を辛抱して働いたわたしたちと、この連中とを同じ扱いにするとは。

マタイによる福音書二〇章一二節

朝から一日中働いてきたと自負している者にとって、主人の支払い方は納得できません。

しかし、一日中「何もしないで……立っていた」(六節)労働者が自分だとしたら、こんなありがたいことはありません。天国のごほうびを歓喜して受け取ることのできる罪人は幸せです。

闇の時を

主の偉大な輝かしい日が来る前に、太陽は暗くなり、月は血のように赤くなる。主の名を呼び求める者は皆、救われる。

使徒言行録二章二〇、二一節

暗く不気味な世界が現出するのです。そこを耐えて気力をふりしぼって生き抜け、というのではありません。耐えられないので、気力も萎えてしまうので、「助けて」と救い主の名を呼び求めるのです。

闇の時を生き抜くのは頑強な人ではなく、信じる人であります。

見出されたとき

わたしは、あなたがフィリポから話しかけられる前に、いちじくの木の下にいるのを見た。

ヨハネによる福音書一章四八節

フィリポに導かれてナタナエルはイエスのもとに行きました。しかし、その前にイエスはナタナエルを見出しておられたのです。

さまざまな経過を経て、わたしたちが救い主イエスのもとにたどり着く前に、既にイエスに発見していただいていたとすれば、あのときからわたしたちは、主の摂理の中に引き入れられていたのです。

躍り上がって

ナザレの人イエス・キリストの名によって立ち上がり、歩きなさい。

使徒言行録三章六節

「イエス・キリストの名」のもとで、生まれながらの足の不自由な男にも未来がありました。その「名」のゆえに、神に赦され、受容され、子とされ、命が約束されているのです。幻滅の終わりしかないと思っていたこの罪人の未来が、永遠の命へと開かれているのです。

だれが躍り上がらないでいられるでしょうか。

世を裁くためではなく

神が御子を世に遣わされたのは、世を裁くためではなく、御子によって世が救われるためである。

ヨハネによる福音書三章一七節

神の子は、罪の世を査察し、審判するために来られたのではありません。世のためにご自身を与え、救うために来られました。

いかなる人間にも救い主の手は差し伸べられています。ただ、神の憐れみを信じることができない者が救いを逸するのです。

追随する悪

あなたは多数者に追随して、悪を行ってはならない。

出エジプト記二三章二節

多数者に追随することは楽なことであります。しかし、そのようにして人は悪を行うことになるのです。

多数がどうであれ、自分の決断をすること、それが信仰です。

信仰とは、いつだって神に向かって踏み出す行為だからであります。悪とは、人に追随し、自分の決断のない生き方そのもののことであります。

与えてくださった土地

あなたは食べて満足し、良い土地を与えてくださったことを思って、あなたの神、主をたたえなさい。

申命記八章一〇節

肉の目で自分の土地を見渡すならば、足りないものばかりが目につきます。どんなに冷静に見ても、です。

神が与えてくださったものとして受け取るとき、この土地の豊かさが見えてきます。

信仰なき目に人生は荒涼たる原野です。

宣教という愚かな手段

そこで神は、宣教という愚かな手段によって信じる者を救おうと、お考えになったのです。

コリントの信徒への手紙一、一章二一節

祝宴の用意を整えた主人が、自ら使いをやって、客となる人を迎えに行くのです。街の広場や路地へ、さらに郊外の通りや小道に至るまで。まるで懇願するように（ルカによる福音書一四章二一―二三節）。

弟子たちは、その主人の愚かな働きに参与している者だということを忘れてはなりません。愚かにならなければ、この働きはつとまりません。

信仰の遺産

信仰によって、ヤコブは死に臨んで、ヨセフの息子たちの一人一人のために祝福を祈り、杖の先に寄りかかって神を礼拝しました。

ヘブライ人への手紙一一章二一節

ヤコブは死に臨んで、新たな希望を持ちました。信仰の生涯は用いられて、子孫の祝福の日々につながることを信じたのです。

「信仰を抱いて死」んだ（一一章一三節）者のあとに、信仰の遺産が残らないということはあり得ないのです。

弟子たちと人々

一同は心を一つにしてソロモンの回廊に集まっていた……民衆は彼らを称賛していた。

使徒言行録五章一二、一三節

弟子たちは、神を仰ぎ礼拝する縦の関係を軸として生きている共同体でありま す。この縦の関係こそ、弟子集団と世の人々を峻別する一線であります。

しかし、このことは、弟子たちを世から隔てるのではなく、世に開かれたものにするのです。

教会は、礼拝することによって人々に近づいているのです。

知られている喜び

女は、水がめをそこに置いたまま町に行き、人々に言った。「さあ、見に来てください。わたしが行ったことをすべて、言い当てた人がいます。もしかしたら、この方がメシアかもしれません」。

ヨハネによる福音書四章二八、二九節

女がこれまで「行ったこと」は人に知られたくないことばかりでした。しかし今、彼女のすべてを知っておられる方がいるのです。彼女はそれが嬉しいのです。なぜなら、この方は彼女の弱さも罪もすべて知ったうえで、その彼女の問題をご自分の痛みとして担ってくださるからです。

わたしたちはこの方に知られていることを喜びとし、安らぎとしているのです。

信じる

「帰りなさい。あなたの息子は生きる」。その人は、イエスの言われた言葉を信じて帰って行った。ところが、下って行く途中、僕たちが迎えに来て、その子が生きていることを告げた。……彼もその家族もこぞって信じた。

ヨハネによる福音書四章五〇、五一、五三節

王の役人は、初め主イエスの言葉を「信じ」ました。信じて帰って行くと、息子がいやされたことを知り、もう一度「信じた」と言われています。主イエスの言葉を信じて生きていくとき、主は御業を見せてくださいます。それでももう一度信じるのです。

御言葉を信じる者は、さらに深く信じさせていただくのです。

思慮深い人

無知な者は怒ってたちまち知れ渡る。
思慮深い人は、軽蔑されても隠している。

箴言一二章一六節

人から理解されず軽く見られることは、口惜しくつらいことであります。そういうことはしばしば起こりますが、思慮深い人は自分を抑制します。真実を明らかにしてくださる方を信じているからであります。

思慮深い人とは、神を信じ、その御心にゆだねることを知っている人のことであります。

ともし火

愚かなおとめたちは、ともし火は持っていたが、油の用意をしていなかった。賢いおとめたちは、それぞれのともし火と一緒に、壺に油を入れて持っていた。

マタイによる福音書二五章三、四節

ともし火は信仰であります。「信仰」は動詞で表現すると「祈る」になります。神がどこかにおられると信じることが信仰ではありません。信じる者は神に祈るのです。祈る者には、この深い闇のただ中を貫いている、命に至る細い道が見えてきます。

神の子の声

死んだ者が神の子の声を聞く時が来る。今やその時である。その声を聞いた者は生きる。

ヨハネによる福音書五章二五節

神は土の塵で人を形づくり、その鼻に息を吹き入れられた。人は生きた者になった。これが創世記（二章七節）のメッセージです。枯れた骨に神が霊を吹き込まれると、彼らは生き返り、自分の足で立った、というのはエゼキエル書三七章の告げるところです。

深い罪によって命を失った死者たちが、贖い主イエス・キリストの声を聞いて、ただそれだけで起き上がる恵みの時が、今、来ているのです。

命を得るため

あなたたちは、命を得るためにわたしのところへ来ようとしない。

ヨハネによる福音書五章四〇節

金持ちの青年は「永遠の命を得るには、どんな善いことをすればよいのでしょうか」（マタイによる福音書一九章一六節）とたずねました。たくさんの善いことをしてきたけれど、その上に何が不足しているか、と聞いたのです。

「命を得る」ために人がしなければならないことはただ一つ、十字架のイエスのもとに行くこと、それだけです。

復活の力

わたしは、キリストとその復活の力とを知り、その苦しみにあずかって、その死の姿にあやかりながら、……。

フィリピの信徒への手紙三章一〇節

キリストを知るということは、復活して今共にいてくださる方を知るということであります。

教会は――キリストがそうであられたように――宣教する苦しみを担っていく中で、復活のキリストの力に出会い、力づけられつつ生きていくのです。

土台にふさわしく

イエス・キリストという既に据えられている土台を無視して、だれもほかの土台を据えることはできません。

コリントの信徒への手紙一、三章一一節

教会の土台はイエス・キリストです。

最後の晩餐の夜、イエスはひざまづいて、弟子たちの汚れた足を洗われました。主イエスのその献身が教会の見えない土台です。

この土台にふさわしく、「強い者は、強くない者の弱さを担う」（ローマの信徒への手紙一五章一節）形で教会は形成されなければなりません。下から上へと築かれていくのです。

見劣りする部分

神は、見劣りのする部分をいっそう引き立たせて、体を組み立てられました。それで、体に分裂が起こらず、各部分が互いに配慮し合っています。

コリントの信徒への手紙一、一二章二四、二五節

「見劣りのする部分」をカヴァーしようとして、体の各部分は働きます。「弱く見える部分」（二二節）に関わることにおいて、各部分はつながり、あるべき本来の機能や美しさを獲得するのです。

教会の交わりのことを言っています。

おほめにあずかる身

主は闇の中に隠されている秘密を明るみに出し、人の心の企てをも明らかにされます。そのとき、おのおのは神からおほめにあずかります。

コリントの信徒への手紙一、四章五節

わたしたちの内奥にあるおぞましい秘密まで引き出された上で、「おほめにあずかる」というのです。それがわたしたちに約束されている最後の審判だと。この恐るべき寛容と赦しのもとに身を置いて、キリスト者は隣人を受容することができるのです。

主に立ち帰る

「アイネア、イエス・キリストがいやしてくださる。起きなさい。……」。アイネアはすぐ起き上がった。リダとシャロンに住む人は皆アイネアを見て、主に立ち帰った。

使徒言行録九章三四、三五節

病で床に伏している一人の人のために人々は祈りました。しかし、病が長びく間に人々の信仰は揺らいでいました。いやされたアイネアを見たとき、人々は再び「主に立ち帰」ったのです。

信仰は迷いのないものではありません。しかし、主イエスは祈る者をいつかご自身のもとに立ち帰らせてくださいます。

人から神へ

あなたの祈りと施しは、神の前に届き、覚えられた。

使徒言行録一〇章四節

神の御子の十字架の贖いによって、神から人への道は開かれています。その神の恵みに「祈りと施し（献身）」をもって応えるとき、人から神への道はつながるのです。

突　破

ペトロは我を忘れたようになり、天が開き、大きな布のような入れ物が、四隅でつるされて、地上に下りて来るのを見た。

使徒言行録一〇章一〇、一一節

いくら考えても、考えというものは堂々めぐりをします。気がついたらもとの地点に戻っています。

祈りは人を神とその御言葉に出会わせ、一歩先の世界へ引き出してくれます。ペトロはひたすら祈っている間に、身に染みついたユダヤ人のしがらみを突破したのです。

海を歩く

イエスが「来なさい」と言われたので、ペトロは舟から降りて水の上を歩き、イエスの方へ進んだ。

マタイによる福音書一四章二九節

その日、だれもが荒れる水の上を歩かなければなりません。力も能力も経験も、もはや用をなさない場面です。ただ、海のただ中に、手を広げて待っていてくださる方がいるので、そのお方に向かって歩きます。風を見て沈んだら、救い主が手を伸ばして手を握ってくださいます。だから大丈夫。みんなこの試練の海を渡るのです。

一日の終わり

人々はおのおの家へ帰って行った。イエスはオリーブ山へ行かれた。

ヨハネによる福音書七章五三節、八章一節

対照的です。人々は家に帰り、イエスは山に登られます。一日の業を終えて帰って行く人々の疲れ果てた背中。しかし、その背中は祈られています。人々を覚え、祈り支えるためにこそ、イエスは山に入られるのです。心残りや不安は今日もあるけれど、救い主にゆだねて、帰っていいのです。

救い主の裁き

あなたたちは肉に従って裁くが、わたしはだれをも裁かない。

ヨハネによる福音書八章一五節

世は人を採点します。その能力、人格、行為、功績によって。その採点に基づいて、ある人物は肯定され、ある人物は否定されます。ある人は上位とされ、他の人は下位とされます。しかし、主イエスは人を「肉に従って裁く」ことはされません。罪の贖い主のもとにいるかどうか、その一点で裁かれるのです。

「千歳の岩よ、わが身を囲め」(『讃美歌』二六〇)。

畏れ

集まった人々は、「神の声だ。人間の声ではない」と叫び続けた。するとたちまち、主の天使がヘロデを撃ち倒した。……ヘロデは、蛆に食い荒らされて息絶えた。

使徒言行録一二章二二、二三節

ヘロデは満ち足りていました。長く彼の意に沿わなかった民が彼の前に恭順の意を表明し、あまつさえ彼を神と誉めたたえたからです。満ち足り、いっさいの不安を一掃したと思っていた王を、神の天使が一撃しました。虫に食われて彼の命は絶えました。

成功や栄達の中にも、人は一刻も神に対する畏れを忘れてはなりません。

むしろ不義を受けよ

なぜ、むしろ不義を甘んじて受けないのです。なぜ、むしろ奪われるままでいないのです。

コリントの信徒への手紙一、六章七節

どちらかが正しくてどちらかが正しくないのか、白黒はっきりさせようとして頑張るのです。しかし、決着がつかないことがあります。その場合、「絶対だ」と信じて、握りしめていた手を開いて神にゆだねるのです。神はやがて真理を明らかにしてくださいます。

人はしばしば負けまいとして——不義を倒そうとして、不義を行うことになるのです。

シロアムに行け

イエスは……「シロアム――『遣わされた者』という意味――の池に行って洗いなさい」と言われた。そこで、彼は行って洗い、目が見えるようになって、帰って来た。

ヨハネによる福音書九章六、七節

シロアム――遣わされた者――とは、神から遣わされた救い主イエスを指しています。遣わされた方のところに行き、出会う中で、人の目は開かれます。見えなかった世界が見え始めます。救い主によって御業が着々と展開されている世界です。

そのいやしの御業の中に、自分の存在もしっかりと組み込まれていることを知り、安らぐのです。

ペトロは泣いた

主は振り向いてペトロを見つめられた。ペトロは、「今日、鶏が鳴く前に、あなたは三度わたしを知らないと言うだろう」と言われた主の言葉を思い出した。そして外に出て、激しく泣いた。

ルカによる福音書二二章六一、六二節

イエスが理不尽な苦しみを受けなければならないその必然を、ペトロは知っていました。「人の罪を贖うため」だということを。主イエスご自身から何度も聞いていたことでした。

しかし、イエスを「知らない」と三度否認したそのとき、イエスの受難の意味が心底理解できたのです。自分のために受難される救い主のことが。

その計りがたい恵みに打たれ、ペトロは泣いたのです。

十字架の祈り

父よ、彼らをお赦しください。自分が何をしているのか知らないのです。

ルカによる福音書二三章三四節

祭司たちの策略がありました。ピラトやヘロデ等政治家たちの怯懦《きょうだ》がありました。民衆たちの背反がありました。「十字架につけろ」。弟子たちは逃亡しました。邪悪な人間の圧倒的な力がイエスを呑み込もうとしたその瞬間、天地にこの祈りが響き渡りました。「父よ、彼らをお赦しください。自分が何をしているのか知らないのです」。

人間の罪悪の大波を神の子はその一身に引き受け、逆転したのです。

十字架の赦しが、十字架を取り囲むすべての罪人を包みます。

魚があまり多くて

魚があまり多くて、もはや網を引き上げることができなかった。

ヨハネによる福音書二一章六節

復活の主のもとで、弟子たちは網を打ちました。収穫が多くて引き上げることができませんでした。

わたしたちの苦労、祈りに収穫が見えない、そんな不安や焦りにとらわれることがあります。しかし、復活の主イエスのもとで、労苦は応えられ、祈りは聞かれているのです。収穫が多くて、今わたしたちはこの網を引き上げることができないのです。

主イエスの待たれる岸辺で、そのすべてを見せていただくときがあるのです。その日に向けてたゆまないでいましょう。

弱い人のようになる

弱い人に対しては、弱い人のようになりました。弱い人を得るためです。

コリントの信徒への手紙一、九章二二節

弱い人の弱さは容易に見て取れます。その弱さを指摘したり問い詰めたりすることはだれにでもできます。そんなふうにして人は弱い人を責め、さらに惨めにしているのです。

「弱い人のようになる」とは、その同じ場所に身を置くことです。一緒に悩むのです。一緒に苦しむのです。その同じ場所から一緒に祈るのです。

弱い人はそばに立つ人によって立ち上がることができます。教える人によってではなく。

触れようと

群衆は皆、何とかしてイエスに触れようとした。イエスから力が出て、すべての人の病気をいやしていたからである。

ルカによる福音書六章一九節

群衆は皆、病気なのです。だから、何とかしてイエスに触れようとするのです。イエスのそばにいて、イエスを眺めていやされる人はいません。救い主に迫って、「触れ」て、力を引き出さなければ、わたしたちは無なのです。

組に分けて

イエスは弟子たちに、皆を組に分けて、青草の上に座らせるようにお命じになった。人々は、百人、五十人ずつまとまって腰を下ろした。

マルコによる福音書六章三九、四〇節

目の前の大群衆に食物を与えなさいと命じられたら、弟子たちは途方に暮れたでしょう。しかし、イエスは大群衆を百人、五十人の組に分けられました。顔の見える人数です。

伝道は、まず、目の前にいる顔の見える人々に向けてなされるのです。そこから広がっていきます。焦ってはなりません。

名を呼んで

「ラザロ、出て来なさい」と大声で叫ばれた。すると、死んでいた人が、手と足を布で巻かれたまま出て来た。

ヨハネによる福音書一一章四三、四四節

イエスがわたしたちの名を呼んでくださる。それがイエスとわたしたちとの関わりです。人生途上の一場面一場面で、主はわたしたちと出会い、道を開いてくださいました。

「羊飼いは自分の羊の名を呼んで連れ出す」(ヨハネによる福音書一〇章三節)。終わりの日、罪に朽ちゆくべきわたしたちの名を、救い主が呼んでくださるので、わたしたちはみんな死から命へと起き上がるのです。

戻って来た

その中の一人は、自分がいやされたのを知って、大声で神を賛美しながら戻って来た。……イエスはその人に言われた。「立ち上がって、行きなさい。あなたの信仰があなたを救った……」。

ルカによる福音書一七章一五、一九節

いやされたところで完結される、それは信仰ではありません。いやされて、感謝して、帰って行くところに、信仰はあるのです。

感謝して、救い主のふところに飛び込んで、そこから信仰は始まるのです。

ラザロがいた

そこには、イエスが死者の中からよみがえらせたラザロがいた。

ヨハネによる福音書一二章一節

ラザロが何をしたというのではありません。ラザロがいるということに意味があるのです。

主の食卓に死からよみがえらされた罪人たちが、驚きと喜びをもって座っているということ、それだけで証しになっているのです。

一緒にいたのだから

あなたがたも、初めからわたしと一緒にいたのだから、証しをするのである。

ヨハネによる福音書一五章二七節

弟子たちには他の人にない能力があるのだから証しができる、というのではありません。主イエスと「一緒にいた」から、「証しをする」というのです。ただそれだけです。

わたしたちも主イエスと共に生きています。支えられながら、慰められながら生きています。わたしたちも証しをするのです。

肥やし

園丁は答えた。「御主人様、今年もこのままにしておいてください。木の周りを掘って、肥やしをやってみます」。

ルカによる福音書一三章八節

三年間、実のならないいちじくの木の話です。切り倒してしまえ、という主人に対して、園丁は今一度の猶予をくださいと懇願します。「木の周りを掘って、肥やしをやってみます」

主人は神を指しています。園丁はイエス・キリストです。いちじくを生かす起死回生の肥やしはイエス・キリストの犠牲です。

ああ、わたしたちはみんなこの「肥やし」によって救われているのです。

世が裁かれる時

今こそ、この世が裁かれる時。今、この世の支配者が追放される。わたしは地上から上げられるとき、すべての人を自分のもとへ引き寄せよう。

ヨハネによる福音書一二章三一、三二節

メシアが「地上から(十字架上に)上げられる」のは、いかなる罪人をも、みもとに引き寄せるためでありました。神の救い主は、自ら徹底的に仕えることによって神の国を打ち立てられたのです。力を振るって上から人々を統治するこの世の支配者の時は終わりつつあり、やがて終わります。

主人の言葉を聞く

このようなことが二年も続いたので、アジア州に住む者は、ユダヤ人であれギリシア人であれ、だれもが主の言葉を聞くことになった。

使徒言行録一九章一〇節

思わぬ抵抗に遭い、エフェソに二年間とどまることになりました。その結果、この地方の多くの人々が「主の言葉を聞くことに」なりました。

どれだけの人が洗礼を受けたか、成果はどうだったか、が問題ではないのです。福音が語られ、福音が多くの人々に聞かれた、それが大切なことでありました。語られ、そして聞かれた福音が、無駄になることは決してありません。

暗闇にとどまらず

わたしを信じる者が、だれも暗闇の中にとどまることのないように、わたしは光として世に来た。

ヨハネによる福音書一二章四六節

人が自分で光の中に歩み入ることはできません。救い主イエスに結ばれることによって、罪ある者が光の中に立つのです。もはや暗闇を手探るようにではなく、神の光に照らし出された道を踏みしめながら歩くことができます。

祈りと聖霊

このように、あなたがたは悪い者でありながらも、自分の子供には良い物を与えることを知っている。まして天の父は求める者に聖霊を与えてくださる。

ルカによる福音書一一章一三節

祈ったことがそのとおりに応えられるとは限りません。人の思いとは異なる応えが与えられることも多いのです。

しかしその場合でも、祈った者は聖霊を受け、父なる神の御心のあるところを示され、安らぐのです。

塵に口をつけよ

塵に口をつけよ、望みが見いだせるかもしれない。

哀歌三章二九節

殺人者ラスコーリニコフにソーニャは言います。大地に接吻しなさい、と。汚れきったあなたの命を、なお支えている大地（神の御手）に身を投げ出して泣きなさい（ドストエフスキー『罪と罰』）。

弁解も抗弁もしなくていい。人はみな自分の罪に疲れ果てているのですから。ひれ伏して存分に涙を流したら、恵みは身に沁《し》みてきます。

ご自分の道を示される

主は御自分の道をモーセに
御業をイスラエルの子らに示された。

詩編一〇三篇七節

あたりを見渡して、なるほど、と神の道が見えるわけではありません。しっかり探求すれば分かるということでもありません。

神の道は、神と関わって生きている者に示されるのです。

取るに足りない自分

アジア州に来た最初の日以来、わたしがあなたがたと共にどのように過ごしてきたかは、よくご存じです。すなわち、自分を全く取るに足りない者と思い、涙を流しながら……。

使徒言行録二〇章一八、一九節

アジア州エフェソで、パウロの受けた苦難がありました。迫害の中でパウロは「全く取るに足りない」自分を痛感させられました。なすすべなく、「涙を流し」ました。

そうして、信仰は自分の力で立つのではなく、立たせていただく、それだけだということを学んだのです。

後でついて来ることになる

シモン・ペトロがイエスに言った。「主よ、どこへ行かれるのですか」。イエスが答えられた。「わたしの行く所に、あなたは今ついて来ることはできないが、後でついて来ることになる」。

ヨハネによる福音書一三章三六、三七節

主イエスの行く所に、弟子たちは今ついて行くことはできません。それは神の御子だけが歩くことのできる道、贖いの十字架と復活の命に至る道だからです。救い主が開いてくださったその同じ道を通って、わたしたちは神のみもとに帰っていくのです。

父の家

わたしの父の家には住む所がたくさんある。もしなければ、あなたがたのために場所を用意しに行くと言ったであろうか。

ヨハネによる福音書一四章二節

主イエスが去っていくのは「父の家」に弟子たちの住む所を確保するためだと言われています。永遠の住居を確保していただいた者として、すなわち、既に天に根拠を得た者として弟子たちは世を生きるのです。

帰るべきわが家があるから、子供たちが安心して夢中で遊んでいるように。

掟を守る者

あなたがたは、わたしを愛しているならば、わたしの掟を守る。

ヨハネによる福音書一四章一五節

イエスの掟は無理矢理守らされるものではありません。イエスを愛する者は喜んで守るのです。イエスを愛する者とは、イエスの愛を知った者のことであります。主イエスに汚れた足を洗っていただいていると知った者が、畏れ、感謝して、御心に応えるのです。

つながって

ぶどうの枝が、木につながっていなければ、自分では実を結ぶことができないように、あなたがたも、わたしにつながっていなければ、実を結ぶことができない。

ヨハネによる福音書一五章四節

自分で、頑張って、実を結ぶことはできません。キリストに「つながって」おれば、自ずと実を結ぶのであります。

信仰は、実力で生きることではなく、「つながって」生きることであります。

悔い改め

ドラクメ銀貨を十枚持っている女がいて、その一枚を無くしたとすれば……見つけるまで念を入れて捜さないだろうか。……このように、一人の罪人が悔い改めれば、神の天使たちの間に喜びがある。

ルカによる福音書一五章八、一〇節

神は失われた一匹の羊を捜し出します。失われた一枚の銀貨を見つけるまで捜します。

悔い改めとは、人が神を見出すことではありません。神に見つけていただいた自分を知ることです。

主イエスの喜び

これらのことを話したのは、わたしの喜びがあなたがたの内にあり、あなたがたの喜びが満たされるためである。わたしがあなたがたを愛したように、互いに愛し合いなさい。

ヨハネによる福音書一五章一一、一二節

愛するということは、他者の足の泥を洗い、自ら汚れることであります（自ら汚れないで他人の足を洗うことはできません）。

主イエスの深い喜びは、そのように愛するという行為の中にありました。その愛を受けた弟子たちが主と同じ喜びを共有するとき、神の国は前進するのです。

神の国は前進する

百人隊長はこの出来事を見て、「本当に、この人は正しい人だった」と言って、神を賛美した。

ルカによる福音書二三章四七節

サウロは、ステファノの殺害に賛成していた。

使徒言行録八章一節

百人隊長は十字架刑の執行責任者でした。その彼がイエスの十字架の死に直面し、イエスがメシアであることを信じたのでした。一方、若者サウロはステファノの石打ちの刑を支持する急先鋒でした。そのサウロが後に改心し、伝道者・使徒になるのです。取り囲む敵意の渦のただ中から、信じる者が与えられます。伝道は——神の国は、敵対する人々の真ん中を突き進みます。いつの時代も。

最後の地点

ヨハネの弟子たちが来て、遺体を引き取って葬り、イエスのところに行って報告した。

マタイによる福音書一四章一二節

バプテスマのヨハネは、神の戒めに従って、領主ヘロデを諫《いさ》めました。そのために捕らえられ、殺害されたのです。非業の死であります。世の中にはどう考えても不当な、承服できない死というものがあります。

しかし、その死を、最後の地点で受け止めてくださる方がおられる。そこに救い主イエスが立っていてくださる。それが聖書のメッセージです。

十字架、産みの苦しみ

女は子供を産むとき、苦しむものだ。自分の時が来たからである。しかし、子供が生まれると、一人の人間が世に生まれ出た喜びのために、もはやその苦痛を思い出さない。

ヨハネによる福音書一六章二一節

女性が命を産む、まさにそのとき、産みの苦しみは極まります。しかし、新しい命を得た喜びのために苦痛を忘れる、というのです。
十字架はまさしく、神の子を生み出すために（罪人を神の前に立たせるために）絶対に避けられない苦痛の極み。同時に、そこに生み出された神の子たちを見る救い主としてのはかりがたい喜びがある、と言われます。

天と地を結ぶ

わたしは父のもとから出て、世に来たが、今、世を去って、父のもとに行く。

ヨハネによる福音書一六章二八節

御子は、父のもとから暗闇の世（ヨハネによる福音書一章五節）に来て、ふたたび父のもとに帰って行く、ただそう言われているのではないのです。暗闇を切り裂く光の業を成し遂げて帰って行くのです。暗闇の最底辺に光は届いたのです。最底辺に立つ罪人は聖なる神に結ばれたのです。だれもこの堅固なきずなを断ち切ることはできません。

救い主イエスが十字架の死によって与えてくださった、天と地を結ぶきずなを。

鎖でさえ

この人は墓場を住まいとしており、もはやだれも、鎖を用いてさえつなぎとめておくことはできなかった。

マルコによる福音書五章三節

この人は死の不安と向き合っていました。人々は世の常識や倫理の鎖で彼を抑え込もうとしますが、できません。世の常識や倫理で抑えきれない不安を、人はだれもが抱えて生きているのです。神に聞いていただくしかない叫びを。

食べる

今日で十四日もの間、皆さんは不安のうちに全く何も食べずに、過ごしてきました。だから、どうぞ何か食べてください。生き延びるために必要だからです。

使徒言行録二七章三三、三四節

不安に呑み込まれると、人は身動きできなくなります。食べる気力も失せてしまいます。

ここに一人、不安に呑み込まれていない人間がいました。パウロ、祈る人です。祈る人は暴風雨のただ中にもそこに在《いま》す神を見出すのです。「生き延びる」ための道は、必ず備えられているのだと信じます。

だから、信じる者はいつだって暴風雨の向こうを信じて「食べる」のです。

天国にふさわしい行為

そのとき、わたしはきっぱりとこう言おう。「あなたたちのことは全然知らない。不法を働く者ども、わたしから離れ去れ」。

マタイによる福音書七章二三節

彼らはたくさんの善い行いをしたのです。でも天国には入れません。理由はただ一つ。救い主イエスに知られていなかったからです。

救い主に知られるということは、渇いた人が水を求めるように、助けを求めることであります。そうして、救い主の支えを知り、慰めを知り、恵みを心底知った者が喜んで感謝して応えていく行為こそ、天国にふさわしいと言われているのです。「……したではありませんか」という自信に満ちた行為ではなく。

目指す地に

イエスは言われた。「わたしだ。恐れることはない」。そこで、彼らはイエスを舟に迎え入れようとした。すると間もなく、舟は目指す地に着いた。

ヨハネによる福音書六章二〇、二一節

強大な試練の海の中で、忽然とその一隅が開いて、弟子たちは目指す港に着きました。救い主イエスに出会い、その声を聞いたときに、試練は彼らを閉じ込めるものではなく、新たな祝福への脱出口になりました。

いかなる試練の中でも主イエスに出会うことができるということが、弟子たちの希望であります。

光の子として

光の子として歩みなさい。――光から、あらゆる善意と正義と真実とが生じるのです。――

エフェソの信徒への手紙五章八、九節

光の子となるために、人は努力や精進をする必要はありません。光の中に立つのです。すなわち、罪あるままで十字架の赦しの下に身を置くのです。善いことや、正しいこと、真実なことが、少しずつできるようになります。

水と霊によって

ニコデモは言った。「……もう一度母親の胎内に入って生まれることができるでしょうか」。イエスはお答えになった。「はっきり言っておく。だれでも水と霊とによって生まれなければ、神の国に入ることはできない。……」。

ヨハネによる福音書三章四、五節

人生をやり直すことができたら——汚れた画用紙をもう一度まっ白にして始めることができたら、と人は考えます。しかし、やり直しても同じです。同じようにぬぐいがたく汚れてしまうに違いないのです。何回やり直しても。

洗礼の水と霊をいただいて、罪の赦しを受けて、人は神の国に入るのです。神の国は、十字架の血によって清められた罪人の世界です。

すがりつく

彼女は振り向いて、ヘブライ語で、「ラボニ」と言った。「先生」という意味である。イエスは言われた。「わたしにすがりつくのはよしなさい。まだ父のもとへ上っていないのだから。……」。

ヨハネによる福音書二〇章一六、一七節

イエスは神のもとに上られ、そこでわたしたちを迎えてくださいます。わたしたちは、この主のとりなしのゆえに清められ、栄化され、父なる神に「すがりつく」ことができるのです。

究極の信仰は、「すがりつく」ことであります。長血の女がイエスの衣に「ひしと取り縋《すが》った」（マルコによる福音書五章二七節、山浦玄嗣訳）ように。

赦され、遣わされる

「父がわたしをお遣わしになったように、わたしもあなたがたを遣わす」。……「だれの罪でも、あなたがたが赦せば、その罪は赦される。だれの罪でも、あなたがたが赦さなければ、赦されないまま残る」。

ヨハネによる福音書二〇章二一、二三節

罪赦された者として、弟子たちは世に送り出されます。彼らが世の人々を赦し、受け入れるとき、神の赦しは人々に、闇の中に光が輝き出るように開示されます。彼らが赦さなければ、闇は闇のままです。痛みをもって赦す弟子たちを通してだけ、十字架の恵みは伝わるのです。

世にある弟子たちの使命は、かくも重く比類なく喜ばしいものであります。

七の七十倍

ペトロがイエスのところに来て言った。「主よ、兄弟がわたしに対して罪を犯したなら、何回赦すべきでしょうか。七回までですか」。イエスは言われた。「あなたに言っておく。七回どころか七の七十倍までも赦しなさい」。

マタイによる福音書一八章二一、二二節

悔い改めてもまた罪を犯し、立ち帰ってもまた足を踏み外す。自分という人間にほとほと呆れてしまいます。投げ出したくなります。しかし、それでもまた救い主のもとに帰って行くのです。七回でも七の七十倍でも。

主イエスは、そんなわたしたちを投げ出さないで待っていてくださるからであります。そのように赦されて生きる罪人が、少しずつ赦す人間にされるのです。

エルサレムから離れず

エルサレムを離れず、前にわたしから聞いた、父の約束されたものを待ちなさい。……あなたがたは間もなく聖霊による洗礼を授けられるからである。

使徒言行録一章四、五節

キリストの受難の場所、エルサレムにとどまることは、弟子たちにとっても厳しい覚悟を必要とすることでありました。しかし、そこにとどまっているなら、「聖霊」が与えられると約束されるのです。

その困難と危険のさ中で、彼らを支え生かし、弟子として育てる聖霊でありま す。困難や危険を避けて上手に身を処しているかぎり、聖霊の働きを知ることはできません。

ろばに乗る王

見よ、お前の王がお前のところにおいでになる、柔和な方で、ろばに乗り、荷を負うろばの子、子ろばに乗って。

マタイによる福音書二一章五節

異様な王です。軍馬ではなくろばに乗って入城されました。ろばは庶民の日常の荷を運び、人を乗せる動物でした。

ろばに乗る王は人の荷を負う王であり、疲れた者をその背に乗せて歩く王でした。そういう王の時代が始まったのだ、と聖書は告げているのです。あの十字架に向かう入城のときから。

鷲の翼に

あなたたちは見た
わたしがエジプト人にしたこと
また、あなたたちを鷲の翼に乗せて
　わたしのもとに連れて来たことを。

出エジプト記一九章四節

強大なエジプトからの脱出は、イスラエルの民にとっては、薄氷を踏むような経験の連続でした。「命からがら」というのが実感だったでしょう。しかし、救い出した神の側から言えば、「鷲の翼に乗せて……連れて来た」出来事でした。

信仰の弱さを思えば心許なく見えるわたしたちの歩みですが、わたしたちを捕らえていてくださる方の力は絶大なのです。

導き出す神

わたしは主、あなたの神、あなたをエジプトの国、奴隷の家から導き出した神である。あなたには、わたしをおいてほかに神があってはならない。

出エジプト記二〇章二、三節

神とはどういう方であるか、が言われているのです。神はその民を「エジプトの国、奴隷の家から導き出した」と宣言されています。神は導き出す――救い出す神であります。

人を監視し、採点し、判決を下す、そういう神はわたしたちの神ではありません。

その民を繰り返し苦難から救出することによって、ご自身の栄光を見せてくださる神であります。

触ればいやしていただける

イエスのことを聞いて、群衆の中に紛れ込み、後ろからイエスの服に触れた。「この方の服にでも触れればいやしていただける」と思ったからである。

マルコによる福音書五章二七、二八節

人間には、だれのところに行っても、財産を使い果たしても、いやされない病気があります。その病める部分において人は神に出会うのです。そのいやされない苦しみ、痛み、不安のすべてを救い主イエスに投げかけたとき、人は救い主からの力をいただくのです。

「医者を必要とするのは、丈夫な人ではなく病人である。わたしが来たのは、正しい人を招くためではなく、罪人を招くためである」（マルコによる福音書二章一七節）。

従う

わたしに従いなさい。

マタイによる福音書八章二二節

信仰とは従うことであります。「従う」ことは難しいことではありません。子どもが父や母の服の袖を握って暗い道を歩くのに似ています。周りに危険はありますが、共にいてくれる方がいるから大丈夫なのです。わたしたちを神の子としてくださり、永遠の命へと導いていてくださる救い主に、ひたすらついて行くだけなのです。

枯野行くイエス・キリストのあとを行く（哉々）。

七日目に休まれた

六日の間に主は天と地と海とそこにあるすべてのものを造り、七日目に休まれたから、主は安息日を祝福して聖別されたのである。

出エジプト記二〇章一一節

神は六日の間に創造の業をなされ、七日目に休まれたと言われています。神は「休まれた」のです。全能の神はこの世界の一つ一つのものを、力を尽くし、思いを尽くして創造されました（気軽に、思いつきで創造されたものは一つもありません）。ですから七日目に休まれました。

わたしたちは、全能の神の力と思いの込められた世界に、今も生かされていることを忘れてはなりません。

見つけ出す

百匹の羊を持っている人がいて、その一匹を見失ったとすれば、九十九匹を野原に残して、見失った一匹を見つけ出すまで捜し回らないだろうか。

ルカによる福音書一五章四節

羊飼いは、百匹の中の一匹の羊が迷い出たならば、「見つけ出すまで」捜すと言われています。百匹の群れから一匹は脱落したのです。人間はだれでも、群れから脱落します。

しかし、羊飼いイエスはその脱落した一人を「見つけ出す」と言われています。わたしたちは羊飼いに見つけ出していただいている一人一人だということを忘れてはなりません。

眠っている

「なぜ、泣き騒ぐのか。子供は死んだのではない。眠っているのだ」。人々はイエスをあざ笑った。

マルコによる福音書五章三九、四〇節

少女は死んだのです。その臨終を人々はずっと見てきました。だからイエスの言葉を笑いました。しかし、イエスのおられるそのところで、少女は死んでいないのです。「眠っている」――生きているのです！

神の子イエスは自ら十字架に死に、罪に死ぬべき人間を救い出してくださいました。わたしたちが死別したかけがえのない者たちも失われてはいません。救い主イエスの下で生涯の疲れをいやすように「眠ってい」ます。生きています。起き上がります。

欲してはならない

隣人の家を欲してはならない。隣人の妻、男女の奴隷、牛、ろばなど隣人のものを一切欲してはならない。

出エジプト記二〇章一七節

隣人の物を「盗んではならない」（一五節）と言われているだけではありません。欲しがってもならないと言うのです。人は隣人の所有物をうらやんだりねたんだりして、自分の人生を台無しにしてしまうのです。神は、わたしたちが十分に生きることができる賜物を与えてくださっています。

隣人はどうであれ、神から受け取った自分の賜物を精一杯に生きる、それが信仰を持って生きるということです。

神が求めるものは

「わたしが求めるのは憐れみであって、いけにえではない」とは
どういう意味か、行って学びなさい。

マタイによる福音書九章一三節

徴税人や罪人と食事をしているイエスを、ユダヤの偉い人たちは批判しました。あんな連中の仲間になるのか、と。偉い人たちは高価な供え物を捧げ、厳格に礼拝を守っていました。

イエスの答えはこうです。神を礼拝するということは人を愛する（憐れみ）ということと結びつかなければならない。礼拝を大事にしながら人を差別する、そんな礼拝はない、と。

起き上がる主

起き上がって風と湖とをお叱りになると、すっかり凪になった。人々は驚いて、「いったい、この方はどういう方なのだろう。風や湖さえも従うではないか」と言った。

マタイによる福音書八章二六、二七節

嵐の中で舟は行き悩んでいました。イエスは立ち上がり、風と波を静められました。弟子たちは驚嘆します。この方はいったいどういう方なのだろう、と。教会という小舟は、いつも新たにイエスの御業に目覚めさせられます。そのように、主イエスを繰り返し発見することで、教会は生きているのです。

像を造ってはならない

あなたはいかなる像も造ってはならない。……あなたはそれらに向かってひれ伏したり、それらに仕えたりしてはならない。

出エジプト記二〇章四、五節

動物や樹木や魚、人はさまざまな物の像を造り、それらを拝みます。

なぜいけないのでしょうか。それらはすべて創造の神によって造られた物であるからです。やがて滅びるものであります。滅びるものを拝むことで人間も滅びるのです。

創造者である神を拝み、神と出会うことで、人は永遠なるものとつながるのです。

子よ

イエスは……「子よ、元気を出しなさい。あなたの罪は赦される」と言われた。

マタイによる福音書九章二節

救い主であるわたしが、あなたがたのそばに来ているのだから、そうして、あなたの罪をわたしのこの体は担っているのだから、大丈夫、あなたの罪は赦される、そう宣言されたのです。

元気を出しなさい。罪を隠して逃げ回るような人生はもういい。あなたはわたしのもとで既に神の「子」なのだ。

働き手が必要

収穫は多いが、働き手が少ない。だから、収穫のために働き手を送ってくださるように、収穫の主に願いなさい。

マタイによる福音書九章三七、三八節

収穫は少ないと思っています。したがって、働き手はそれほど多くはいらない、と。

逆です。働き手が多くなれば収穫は多くなるのです。働き手が多くなれば色づいて収穫を待っている畑の全ぼうが見えてきます。手をこまねいている自分も、神の国の働き手になれるよう祈らなければなりません。

呼び寄せ

イエスは十二人の弟子を呼び寄せ……汚れた霊を追い出し、あらゆる病気や患いをいやすためであった。

マタイによる福音書一〇章一節

イエスは、十二人の弟子を世に送り出すにあたり、ご自身のもとに「呼び寄せ」られました。弟子はまず主イエスのもとに身を置き、慰めと力をいただくのです。救い主の慰めと力をいただいた弟子たちだから、隣人を「いやす」力が与えられるのです。

主イエスに「呼び寄せ」られ、礼拝するわたしたちは、そこから遣わされる一人一人だということを忘れてはなりません。

何も持たず

帯の中に金貨も銀貨も銅貨も入れて行ってはならない。旅には袋も二枚の下着も、履物も杖も持って行ってはならない。働く者が食べ物を受けるのは当然である。

マタイによる福音書一〇章九、一〇節

旅に出るのだから、途中何が起こるか分からないのだから、万全の備えをして行きなさい、とは言われませんでした。予備のお金も持つなと言われました。今ある、ありのままの姿で出て行きなさい。伝道する者は出て行ったその場所で養われるからであります。

彼らを送り出してくださった主イエスによって、何も持たない者が行く先々で支えられ、養われているそのことが、弟子たちの世に対する証しであります。

蛇のように賢く、鳩のように素直に

わたしはあなたがたを遣わす。それは、狼の群れに羊を送り込むようなものだ。だから、蛇のように賢く、鳩のように素直になりなさい。

マタイによる福音書一〇章一六節

狼の群れの中を行く羊は、羊飼いの声（角笛）を聞いていなければなりません。羊飼いの声を聞き逃すことは、狼の中で命を失う危険を意味します。弟子たちは羊です。先頭に立っていてくださる救い主イエスの声に、注意深く耳を傾けていなくてはなりません。「蛇のように賢く、鳩のように素直に」。

降りて来なさい

ザアカイ、急いで降りて来なさい。

ルカによる福音書一九章五節

ザアカイは背伸びをして生きてきました。人に負けまい、人々を見返そうとして。しかし、そのように背伸びをして生きたことが、彼を孤独にしていたのです。人間はみんなそのようにして背伸びをして、木に登って、自分を孤独にしているのです。救い主イエスは、背伸びをしているわたしたちの下に立って、待っていてくださいます。あなたの足で立てるところまで降りて来なさい。そこからあなたと一緒にわたしは生きるから。

多くの罪を赦された者

この人が多くの罪を赦されたことは、わたしに示した愛の大きさで分かる。

ルカによる福音書七章四七節

罪の赦しは信仰生活の中で、しだいに分かってきます。罪の赦しの恵みが分かってくることと、自分の中にある罪の大きさが分かってくることとは、結びついています。十字架の赦しの光がしだいに明るく照らすようになり、同時に自分の抱えている闇の深みが見えてくるのです。

そのように、多くの罪を赦された（ことを身に染みて知った）者が、神と人に多くの愛を注げるようになります。

自分を捨てる（罪の告白）

ヨナは彼らに言った。「わたしの手足を捕らえて海にほうり込むがよい。そうすれば、海は穏やかになる。わたしのせいで、この大嵐があなたたちを見舞ったことは、わたしが知っている」。

ヨナ書一章一二節

突然、大嵐がおそったこと、船底にもぐり込んで眠っていたのに引き起こされたこと、だれのせいでこうなったかくじを引いたところヨナに当ったこと、それらすべてを、ヨナは自分が運が悪かったとは思いませんでした。神が自分を追い求めておられると理解しました。そう理解して、洗いざらい神の前に自分をさらけ出したとき（罪の告白）、彼は初めて平安を与えられました。

逃げ続けているかぎり、安らぐことはできません。

闇から祈る

さて、主は巨大な魚に命じて、ヨナを呑み込ませられた。……ヨナは魚の腹の中から自分の神、主に祈りをささげて……。

ヨナ書二章一、二節

ヨナの転落した暗黒はだれのせいでもない、彼自身の神への背きによるものでした。しかし聖書は、神が「巨大な魚に命じて、ヨナを呑み込ませられた」と記しています。つまり、ヨナの落ち込んだ暗闇はまた、神がヨナを受け止めてくださった地点でもあるのです。だから彼は絶望しないで、その闇の中から祈るのです。

思い直す神

神は彼らの業、彼らが悪の道を離れたことを御覧になり、思い直され、宣告した災いをくだすのをやめられた。

ヨナ書三章一〇節

どんな星のもとに生まれたのだろう、という言葉があります。絶対に動かせない定められた運命のもとに人の命はあるという嘆きの言葉です。

しかし、人の命はそんな「星のもとに」あるのではないのです。創造主なる神のもとにあるのです。そして神は「父なる神」であります。わたしたちに向き合い、わたしたちの嘆きや訴えや祈りを受け止めていてくださいます。受け止めて「思い直され」る方であります。

そんな神のもとで、人生をあきらめてはなりません。

惜しむ

お前は……一夜にして生じ、一夜にして滅びたこのとうごまの木さえ惜しんでいる。それならば、どうしてわたしが、この大いなる都ニネベを惜しまずにいられるだろうか。

ヨナ書四章一〇、一一節

ヨナは、神を知らない罪悪の街ニネべは神の審きを受ければいいと思っていました。悪い人間たちを一掃すれば、この世界の問題は解決する、と。しかし、神は人の罪悪を怒られますが、人の命を惜しまれます。神の怒りの背後には、命を惜しむ愛が迫っています。罪人の命を惜しむ十字架によって救われたわたしたちはまた、人の命を惜しむ愛を神から受け取るのです。

神の国をくださる

小さな群れよ、恐れるな。あなたがたの父は喜んで神の国をくださる。

ルカによる福音書一二章三二節

神の救いに入れるよう努力しなさい、と言われているのではありません。あなたがたの父は「喜んで」――身を乗り出し、手を差し伸べて――神の国を「くださる」と言われているのです。

わたしたちは深く感謝して、喜んで、神の国を受け取ればいいのです。十字架の恵みを。

主は振り向いて

主は振り向いてペトロを見つめられた。ペトロは、「今日、鶏が鳴く前に、あなたは三度わたしを知らないと言うだろう」と言われた主の言葉を思い出した。そして外に出て、激しく泣いた。

ルカによる福音書二二章六一、六二節

ペトロは、イエスが予告されたとおり、三度イエスを否認した情けない自分を悔やんで泣いた、それだけではありません。彼には分かるのです。なぜイエスが不当な裁判を受け、死に向かっておられるのか、そのわけが。どこまでも堕ちて行くこの自分を救うために、神の御子は十字架へと下って行かれているのだと。

振り向いたイエスの眼差しは、「堕ちて行くおまえのそばにわたしはいるよ」と語りかけています。

近寄る

ある祭司がたまたまその道を下って来たが、その人を見ると、道の向こう側を通って行った。……ところが、旅をしていたあるサマリア人は、そばに来ると、その人を見て憐れに思い、近寄って……。

ルカによる福音書一〇章三一、三三、三四節

傷つき倒れている人のそばを「たまたま」通りかかった祭司は、運が悪かったと思いました。それで道の向こう側を通りました。レビ人もそうでした。サマリヤ人は憐れに思い、「近寄って」手当てをし、ろばに乗せ、宿屋に連れて行って介抱しました。傷ついた人に出会っている現実を、「たまたま」の不運と思うか（傷ついた現実から逃げながら生きているか）、それを担って生きようとしているか、それは永遠の命に関わる選択であります。

いやし

主は我々を引き裂かれたが、いやし
我々を打たれたが、傷を包んでくださる。

ホセア書六章一節

とんとんと階段を上がるように信仰は成長するのではありません。「打たれる」のです。「引き裂かれ」るのです。自分の罪、あやまちのために。傷つき、打ち倒された者に、忽然と深い恵みの世界が現れます。神の裁きには、それにまさる神のいやしが伴っています。

隣人を愛する

彼は答えた。「『心を尽くし、精神を尽くし、力を尽くし、思いを尽くして、あなたの神である主を愛しなさい、また、隣人を自分のように愛しなさい』とあります」。イエスは言われた。「正しい答えだ。それを実行しなさい……」。

ルカによる福音書一〇章二七、二八節

人を愛しなさい、と言われて人を愛することはできません。神を心から愛することができたとき、人を愛することができるのです。傷ついて倒れていた（死にかけていた）わたしたち罪人のそばに、「憐れに思い」、「近寄って」（三三、三四節）くださり、完全にいやされるまで（三五節）面倒を見てくださる神の子イエスの愛が分かって初めて、わたしたちも傷ついている人の「隣人になる」（三六節）ことができます。

成長する種

神の国は次のようなものである。人が土に種を蒔いて、夜昼、寝起きしているうちに、種は芽を出して成長するが、どうしてそうなるのか、その人は知らない。

マルコによる福音書四章二六、二七節

人は種を蒔きます。人が夜昼、寝起きしている間にも種は成長し、やがて実を結びます。神の国の伝道もまさにその通りだと言うのです。

弟子は黙って種を蒔き続けるのです。蒔かれた種は必ず成長し、実を結びます。種蒔く人は種の行方を心配しなくてもいいのです。必ず、収穫につながります。

手を伸ばす

イエスは……「手を伸ばしなさい」と言われた。伸ばすと、手は元どおりになった。

マルコによる福音書三章五節

手は、人が動き、活動する機能です。「手の萎えた人」（一節）というのは十分に働けない人、活動できなくなっている人を象徴しています。自分の存在に確信が持てなくて、不安で、生きることに臆病になっているのです。

イエスに出会って赦されている自分を発見したとき、人は「手を伸ば」すことができます。与えられている自分の賜物を喜び、存分に生きられるようになります。

手を放す

ペトロがイエスに、「このとおり、わたしたちは何もかも捨てて
あなたに従って参りました」と言いだした。

マルコによる福音書一〇章二八節

ペトロは大きな勘違いをしています。たしかに彼は舟も家も捨ててイエスに従いました。

しかし、それは彼の一大決心によるものではありません。主イエスが召し出してくださったからです。主イエスの命の光に自分の存在が全く包まれていることを知らされたとき、初めてこれまで握りしめていたものを手放すことができたのです。

わたしたちもそうです。主に受容されていることが次第に分かってくる中で、握りしめていたものを少しずつ手放すことができるようになるのです。

神が手ずから葬られる

主は、モーセをベト・ペオルの近くのモアブの地にある谷に葬られたが、今日に至るまで、だれも彼が葬られた場所を知らない。

申命記三四章六節

奴隷の民をエジプトから導き出したモーセは、偉大ですが、指導者として彼には人に言えない悩みや苦しみがありました。そのすべてを神だけが知り、受け止めてくださいました。神が手ずからモーセを葬られた意味はそこにあります。

わたしたちの嘆きや呻きを知っていてくださる神は、わたしたちの命の終わりをもしっかりと受け止めてくださいます。

少しのものに忠実

忠実な良い僕だ。よくやった。お前は少しのものに忠実であったから、多くのものを管理させよう。

マタイによる福音書二五章二一節

主人から預けられた「少しのもの」、それは一度だけのこの地上の命です。この命を、神から預けられたものとして精一杯生きた者に神は永遠の祝福をくださいます。この地上の命を、神からの預かりものであることを忘れて生きた者に祝福の門は閉ざされます。

最も小さい者の一人に

「わたしの兄弟であるこの最も小さい者の一人にしたのは、わたしにしてくれたことなのである」。……「この最も小さい者の一人にしなかったのは、わたしにしてくれなかったことなのである」。

マタイによる福音書二五章四〇、四五節

さまざまな事情で社会から脱落している人々を「最も小さい者」と呼ばれています。わたしたちはそのすべての人に関わることはできません。けれども、最も小さい者の「一人」には関わることができます。

わたしたちの近くにいる「一人」です。その「一人」を通り過ぎて行くとき、わたしたちは自分に与えられた命の使命を失うのです。

恐れなく仕える

こうして我らは、
敵の手から救われ、
恐れなく主に仕える、
生涯、主の御前に清く正しく。

ルカによる福音書一章七三―七五節

敵は暗闇の中から立ち現れ、わたしたちの隠れた罪を引き出し、責め、追及します。かつてのあの行為、あの言葉。

そのいちいちは嘘ではありません。言い訳も弁解もできません。

しかし、だからこそ救い主は人間の闇のただ中に来てくださったのです。その肉の体にわたしたちの罪を負い、清めてくださいました。今や、罪人が「神の子」と呼ばれ、「恐れなく」主に仕えているのです。

ゆだねる

あなたの重荷を主にゆだねよ
主はあなたを支えてくださる。

詩編五五篇二三節

人の力に応じて苦難があるということはありません。力に余るのです。それでも担おうとするとき、人は押しつぶされてしまいます。

「主にゆだねよ」と聖書は言います。祈って神にゆだねていくとき、自分が「支え」られていることを発見します。

支えていただきながら生きることこそが、人間らしいあり方だということを知らされるのです。

神を呼べば

神を呼べば、敵は必ず退き
神はわたしの味方だとわたしは悟るでしょう。

詩編五六篇一〇節

敵に包囲されているような日常です。包囲網は鉄壁のように見えます。周りに出口はありません。周りに出口は見えませんが、頭上の天は閉ざされていません。神を呼ぶことができます。神を呼ぶとき、閉ざされていた現実が動きます。敵は後退し、祈った人は立ち上がり、歩き出すことができます。

主の教えを愛し
いかに幸いなことか……
主の教えを愛し
その教えを昼も夜も口ずさむ人。

詩編一篇一、二節

罪の道に陥るのは人々の群れに引き込まれるという形によってであります。引き込まれないために、「斗《たたか》え」とか「決心せよ」と言われているわけではありません。「神の言葉を聞きなさい」と言われているのです。

神の言葉を聞き、神と出会っている人は、人々の群れに押し流されることはありません。

盾

あなたはわたしの盾、わたしの栄え

詩編三篇四節

神は、槍や刀や弓矢のような斗う武器とは言われていません。逆にそれらの武器の攻撃を防ぐ「盾」と呼ばれているのです。

神の民は敵の攻撃に絶えずさらされていますが、そのさ中で彼らを守ることによって、神はご自分の「栄え」を見せてくださるのです。

神の都への入城

城門よ、頭を上げよ
とこしえの門よ、身を起こせ。
栄光に輝く王が来られる。

詩編二四篇七節

城門を開き、門を押し上げ、神の都に入城するのは、神の御子イエス・キリストです。神の御子はわたしたちの荷を担う者としてろばに乗り、入城されました。罪の重荷を負っていただいた者として、わたしたちも堂々と神の都の城門を救い主に続いて入っていきます。

恵みと慈しみが追う

命のある限り
恵みと慈しみはいつもわたしを追う。

詩編二三篇六節

人はだれも何かから逃れるように生きています。悪い力や災いに捕らえられはしないか、と。そのためにお払いをしたり魔除けのお札を貼ったりします。しかし、神を信じる者の人生はそうではありません。神の「恵みと慈しみ」に追われているのです。「恵みと慈しみ」から逃げ切ることはできず、捕らえられます。

自分の土地

自分の土地を耕す人はパンに飽き足りる。
空《くう》を追う者は乏しさに飽き足りる。

箴言二八章一九節

他人を観察すれば言いたいことは山ほどあります。あれは正しくない、あのやり方は間違えている。他者を批判することで自分が賢くなったと錯覚します。そうやって人間は「乏しし」くなっているのです。

自分の足下にある畑を耕さなければなりません。人生の収穫は自分の畑からしか得られないのです。

起き上がる人

神に従う人は七度倒れても起き上がる。
神に逆らう者は災難に遭えばつまずく。

箴言二四章一六節

神に従う人も倒れます。倒れますが、神の御手の上に倒れます。御手に支えられて起き上がります。何度でも。

自力で生きている人は、自分の力の尽きた所が終着点になります。

口は破滅を

愚か者の口は破滅を
唇は罠を自分の魂にもたらす。

箴言一八章七節

しばしば、口は他者に破滅をもたらすために、唇は他者を罠に陥し入れるために用いられます。
しかし、その口や唇が最も深く傷つけているのは自分の魂だ、と言うのです。

神に逆らう人、正しい人

神に逆らう者は厚かましく事を行う。
正しい人は自分の道を整える。

箴言二一章二九節

神を信じて歩く人は、我知らず整えられた道の上を歩いているのです。自分の浴するところに従って歩いている人は、どこにもつながらない道なき道に迷い込んでいるのです。

ガリラヤへ行くように

行って、わたしの兄弟たちにガリラヤへ行くように言いなさい。
そこでわたしに会うことになる。

マタイによる福音書二八章一〇節

ガリラヤは弟子たちが最初にイエスに出会い、神の国の働きをした場所です。復活したイエスは、弟子たちが働きの場所に帰って行くとき、そこで弟子たちと共に働くことによってご自身を示されるのです。弟子たちがいくら考えても瞑想しても、復活のイエスを知ることはできません。

神の国の働きに出かけて行くそのところで復活の主は待っていてくださり、「兄弟」として共に働いてくださるのです。

復活の主は、今もわたしたちの（教会の）働きの現場で「兄弟」でいてくださいます。

涙と共に種を蒔く

涙と共に種を蒔く人は
喜びの歌と共に刈り入れる。

詩編一二六篇五節

泣いた人が喜ぶのです。悲しんだ人が笑うのです。「悲しむ人々は、幸いである、その人たちは慰められる」（マタイによる福音書五章四節）。

人は生涯をかけて種を蒔き続けているのかもしれません。そうして蒔いた悲しみの種は、すべて歓喜の収穫につながるのです。

救われているということ

あなたがたは、命への導き手である方を殺してしまいましたが、神はこの方を死者の中から復活させてくださいました。

使徒言行録三章一五節

神はイエス・キリストを、命に導く救い主として世に遣わされました。しかし、人間は彼を受け入れず、「十字架につけろ、十字架につけろ」（ルカによる福音書二三章二一節）と怒号し、排除しました。この傲慢な人間を救うために、神はイエスを十字架につけ、罪を赦し、あまつさえこの人間に永遠の命（神と共にある命）を与えるために復活させられました。

神の御子を殺してしまったわたしたちが、救われているのです。

あなたの土地と親族を離れ

栄光の神が現れ、「あなたの土地と親族を離れ、わたしが示す土地に行け」と言われました。

使徒言行録七章二、三節

祈りというものは、神と向き合うことであります。ただ神に何かを求める、願い事をするだけではありません。祈りの中で人は神の言葉を聞くのです。そうして、神の言葉は今ある生活に安住しようとするわたしたちを引き出します。「あなたの土地と親族を離れ」――神の言葉に聞いてわたしたちを縛っている現実から一歩踏み出していくとき、神の備えてくださる道が立ち現れてきます。命につながる道です。

仰ぎ見る

主の成し遂げられることを仰ぎ見よう。
主はこの地を圧倒される。

詩編四六篇九節

神は御業を「成し遂げられ」ます。その御業が挫折したり投げ出されたりすることはありません。

神はわたしたちの願い求めるとおりに応えてくださるのではありません。わたしたちの求めをはるかに超えて応えてくださいます。

祈った者は、神の成し遂げてくださったことを「仰ぎ見」ることになるのです。そのように、御業を繰り返し「仰ぎ見」つつ、信仰者は育てられます。

城門よ

城門よ、頭を上げよ
とこしえの門よ、身を起こせ。
栄光に輝く王が来られる。

詩編二四篇七節

城門は閉ざされています。しかし、凱旋した王が帰ってくるとき、城門は内から開けられます。王のあとに従う兵士たちも胸を張って入城します。王である神が困難の門を一つ一つ開いてくださるそのあとを、わたしたちも従っているのであります。

罪に定めない

イエスは言われた。「わたしもあなたを罪に定めない。行きなさい」。

ヨハネによる福音書八章一一節

姦通の女性に対するイエス・キリストの言葉です。大目に見てあげる、という言葉ではありません。聖なる神は人の罪を大目に見たり、見逃したりすることはできません。あなたの受けるべき罪の裁きをわたしが背負うから、だからあなたは大丈夫。赦された者として生きていい。そう言われたのです。

神の懲らしめ

人はその道を定めえず
歩みながら、足取りを確かめることもできません。
主よ、わたしを懲らしめてください
しかし、正しい裁きによって。

エレミヤ書一〇章二三、二四節

自分の人生と言いながら、自分がレールを敷くことはできません。道を捜して迷路に入り込んでしまうのです。

神の懲らしめを受け、神に撃たれて、自分の落ち込んだ地点が分かります。神の懲らしめはつらいけれど、再起の道はそこから開けます。そこからしか開けません。放蕩息子（ルカによる福音書一五章一七節）がそうであったように。

神の像を造る

彼らが若い雄牛の像を造ったのはそのころで……自分たちの手で造ったものをまつって楽しんでいました。

使徒言行録七章四一節

神の民イスラエルは、どうして自分たちの手で神々を造ったのでしょうか。四十年荒れ野を導かれた神は、彼らが導きに背いて道なき道に踏み出したとき――羊飼いが迷い出た羊の背を打つように――彼らを打たれました。

彼らは自分たちの歩みに干渉しない神を求めたのです。自分たちの行きたいところに行かせてくれる神々を求めたのです。もはや正さない神、もはや彼らのために悲しまない神を求めて、神の民は転落しました。バビロン捕囚という坩堝《るつぼ》にまで（四五節）。

神を担ぐ愚

神の箱は奪われ、エリの二人の息子ホフニとピネハスは死んだ。

サムエル記上四章一一節

ホフニとピネハスは神の箱を持って戦場に出ました。結果、惨たんたる敗北を喫しました。なぜでしょう。

神は人に担がれる方ではないからです。人の都合のために利用される方ではありません。神に祈り求めていくとき、神は道を開いてくださいます。人は神に従うことで、日々前方に道を見出していくのです。

自分に神を従わせようとして、前途は閉ざされてしまいます。

聖なる山から

主に向かって声をあげれば
聖なる山から答えてくださいます。

詩編三篇五節

神はご自身に向けて「声をあげ」る者に答えてくださいます。わたしたちの望むように、ではありません。「聖なる山から」——わたしたちの思いをはるかに越えて答えてくださるのです。その神の答えの深さ高さを、心底納得できる時が来ます。

試練

主はサタンに言われた。「それでは、彼のものを一切、お前のいいようにしてみるがよい。ただし彼には、手を出すな」。

ヨブ記一章一二節

サタンはヨブに試練を与える許可を神から受け取ります。サタンは働くのですが、神の許しを受けて、神の許しの範囲で働くのです。だから人生に試練はありますが、無限に人を陥れる試練はありません。必ず歯止めがかかっているのです。試練（試み）を通して人を育てようとする神の御心が働いているのです。

なぜ生まれたか

なぜ、わたしは母の胎にいるうちに
死んでしまわなかったのか。
……なぜ、膝があってわたしを抱き
乳房があって乳を飲ませたのか。

ヨブ記三章一一、一二節

こんな苦しい人生ならば生まれなかった方がよかったのに。そう言っているのです。

死ねませんでした。命を受け止める膝がありました。生を育む乳房がありました。わたしの思いではなく神の決意があって、今もこの命は存在しているのです。

神の思い、決意の中にある命には、必ずわたしたちの知り得ない意味が込められているのです。

人生の祝福

主はその後のヨブを以前にも増して祝福された。

ヨブ記四二章一二節

わたしたちもいずれ、すべての所有を手放して帰って行くのです。そういう意味では、ヨブの苦難はわたしたちの苦難でもあります。その苦難を神と共に生き抜いた者は、人生の深い意味と慰めを知るのです。苦難の日々を経て、ヨブの祝福が二倍になっているということはそういうことです。

良い木が良い実を

すべて良い木は良い実を結び、悪い木は悪い実を結ぶ。良い木が悪い実を結ぶことはなく、また、悪い木が良い実を結ぶこともできない。

マタイによる福音書七章一七、一八節

良い木が良い実を結ぶ――当たり前のことです。良い木とは日ざしや風雨の恵みをいっぱい受けている木です。神の恵みを十分受けている人が神に応えて生きるとき、良い実を結ぶのです。

こう言うこともできます。神の恵みを十分受けていることを「知る」人が良い実を結ぶことができる、と。

降りて来なさい

イエスはその場所に来ると、上を見上げて言われた。「ザアカイ、急いで降りて来なさい。今日は、ぜひあなたの家に泊まりたい」。

ルカによる福音書一九章五節

木に登ったのはザアカイの生き様を示しています。彼は無理をして、背伸びをして生きていたのです。人々を上から眺めようとします。救い主イエスはザアカイの「下」に来られました。そんなに無理をしなくていい。ありのままの自分のところまで降りて来なさい。わたしはそこで待っているから。ここから君と一緒に生きるから。

「下に」降りて行く、それが信仰のスタートラインです。

ひとときの怒り

ひととき、お怒りになっても
命を得させることを御旨としてくださる。

詩編三〇篇六節

怒りを受けることは望ましいことではありません。しかし、怒りのない愛は存在しません。永遠の怒りは呪いにほかなりませんが、神の怒りは「ひととき」であります。何としてでも罪人に命を得させようとされる御心が込められています。

荒れ野を行く

イスラエルの民に荒れ野を行かせた方に感謝せよ。
慈しみはとこしえに。
詩編一三六篇一六節

人生には、荒れ野に投げ出されたように思える時があります。しかし、「投げ出された」のではありません。神はその荒れ野でご自身の民に日々の糧を与え、ひと足ひと足道を開いてくださいます。

怠け者

怠け者は言う。
「外には獅子がいる。
町に出ればわたしは殺される」。

箴言二二章一三節

外に出て行けない理由はなんとでもつけることができます。ほぼありえない、万に一つあるかもしれない事態を持ち出すのです。だから出て行けない、と言います。そうやって踏み出さないことによって人は命の日々を失っているのです。
信仰は、導きの神を信じて歩み出すことです。歩み出せば、そこで命を育む豊かな世界に出会うことになります。

風雨のただ中の人生

雨が降り、川があふれ、風が吹いてその家を襲っても、倒れなかった。岩を土台としていたからである。

マタイによる福音書七章二五節

岩という土台、それは神のことを指しています。神が人の命の土台になってくださっているのです。「雨が降り、川があふれ、風が吹いても」人は倒れないのであります。天にいます神がわたしたちのところに来てくださり、わたしたちを足下から支えてくださっているからであります。

狭い門

狭い門から入りなさい。滅びに通じる門は広く、その道も広々として、そこから入る者が多い。

マタイによる福音書七章一三節

「狭い門」というのは大変な試練を積まなければ入れない門だと考えられてきました（アンドレ・ジイド『狭き門』）。永遠の命に至る狭い門は、神が用意してくださっているのです。神の御子イエス・キリストが十字架によって罪の人間を赦し、神の国に迎え入れてくださいます。

その一つの門を入ろうとせず、自力で（自分の正しさで）天国に入ろうと多くの人が広い門に殺到しているのです。自分の内なる罪の問題を解決しないまま天国に向かうことはできません。

目を上げる

目を上げて、わたしは山々を仰ぐ。
わたしの助けはどこから来るのか。

詩編一二一篇一節

日々迫ってくる悩み事があります。生きている限りすべてが解決する日本晴れのような日は来ません。その悩み事を抱え込んで、人は次第に衰えていくのです。自分の中からも周囲のどこからも助けは来ません。見まわすのではなく、「目を上げる」のです。助けは、上から、思いがけない形で来るのです。

幻を見る

その夜、パウロは幻を見た。その中で一人のマケドニア人が立って、「マケドニア州に渡って来て、わたしたちを助けてください」と言ってパウロに願った。

使徒言行録一六章九節

トルコの西の果てトロアスの町に着いたとき、パウロは伝道旅行の使命は終わったと思いました。海の向こうのマケドニア、その背後にあるヨーロッパに行く計画はありませんでした。

文化、文明、哲学の最先端地、そこに住む人々に救いのメッセージは聞いてもらえるだろうかと思ったのです。しかし、どんなに文化、文明が進んでも、それでもって人の魂は救われないことをパウロは幻によって知らされました。このとき、神の福音は海を渡ってヨーロッパに踏み込んだのです。

マルコ

バルナバは、マルコと呼ばれるヨハネも連れて行きたいと思った。しかしパウロは、前にパンフィリア州で自分たちから離れ、宣教に一緒に行かなかったような者は、連れて行くべきでないと考えた。

使徒言行録一五章三七、三八節

以前伝道旅行の中途から脱落したマルコを同行させるべきではないとパウロは強く主張しました。バルナバはこの若者にもう一度チャンスを与えようと思いました。ふたてに別れて伝道することになりました。この若者は後に「マルコによる福音書」を書きました。パウロは若者を赦せませんでしたが、神は一度つまずいた若者を御業のために用いられました。

祈りなさい

イエスは弟子たちに、「誘惑に陥らないように祈りなさい」と言われた。

ルカによる福音書二二章四〇節

どんな苦難の中にも、必ず前に行く神の道はあるのです。しかし、祈らなければその道は見えません。祈らなければ神の道は見えず、苦難の渦に呑み込まれてしまうのです。神の道が見えなくなる――それが誘惑です。

まどろむことなく

見よ、イスラエルを見守る方は
　まどろむことなく、眠ることもない。
主はあなたを見守る方
あなたを覆う陰、あなたの右にいます方。

詩編一二一篇四、五節

四海波静かな人生ということを人は願いますが、そんな日はほとんどありません。風が吹き、波立っている海に浮かぶ小舟のような人生です。あまりに大きな波に翻弄されるとき、人は目をつぶってしまいます。「これでおしまいか」と思うのです。

しかし、わたしたちの神は、その時にもわたしたちのために「まどろむことなく、眠ることもな」く、見守っていてくださるのです。

忍耐と輝き

成功する人は忍耐する人。

背きを赦すことは人に輝きをそえる。

箴言一九章一一節

何事も耐え忍ぶことなしに成功することはありません。

人は背くものです。背きを赦さなければ周りは皆敵になります。

耐え忍んで赦すとき、人は友を得ます。そうやって友を得ることで、人間は輝くのです。

蓄え

神に従う人の家には多くの蓄えがある。
神に逆らう者は収穫のときにも煩いがある。

箴言一五章六節

多くの物を失うことがあっても、信仰者には余裕があります。神が共にいてくださるという余裕です。神が共にいてくださる者はどん底からでも神と共に起き上がることができます。

どんなに多くの収穫があっても、自分の力でそれを握りしめているかぎり、不安はぬぐえません。

友人の優しさ

友人の優しさは自分の考えにまさる。

箴言二七章九節

愛する友人の言葉や行為に自分が打ち砕かれる経験をします。

わたしたちに最も近い友人は、イエス・キリストであります。

「いつくしみ深き友なるイエス」（『讃美歌』三一二）の優しさに繰り返し打ち砕かれつつ、石のように固い自我《じが》から解放されてゆくのです。

善行

施すべき相手に善行を拒むな
あなたの手にその力があるなら。

箴言三章二七節

半死半生で倒れている人に、祭司もレビ人も「たまたま」出会いました。彼らは、しまった、運が悪かった、と思いました。それで道の向こう側を通っていきました。

サマリア人は「たまたま」出会ったことを神の備えられた時だと思いました。それで立ち止まったのです（ルカによる福音書一〇章二五―三七節）。

わたしたちも傷ついている旅人に「たまたま」出会っています。運悪く、と受け取るか、わたしの行路に神が備えられた時と受け取るか。

心を低くする

貧しい人と共に心を低くしている方が
傲慢な者と分捕り物を分け合うよりよい。

箴言一六章一九節

「心を低くして」魂が傷つくことはありません。思い上がって魂は傷つきます。身の丈に合わない高みから落下して。

信仰とは神の下《もと》に立つということであり、神の下に立つということは、人間本来の低さに引き戻されることであります。

馬の力、兵の数

馬は勝利をもたらすものとはならず
兵の数によって救われるのでもない。
見よ、主は御目を注がれる
主を畏れる人、主の慈しみを待ち望む人に。

詩編三三篇一七、一八節

だれが味方になってくれるだろうか。どれだけの人が自分の側についてくれるだろうか。わたしたちは周囲を見渡します。そのような人に頼り、多数を頼もうとするとき、人の心は波の上に立っているように不安定です。

わたしに目を注いでくださる神がいます。その一事を知るとき、人は一人で立つことができます。踏みしめて歩むことのできる道が見えてきます。

主を呼ぶ

それから、わたしを呼ぶがよい。
苦難の日、わたしはお前を救おう。
そのことによって
　お前はわたしの栄光を輝かすであろう。

詩編五〇篇一五節

神を信じる者の強さは鍛錬された強さではありません。むしろ、弱さのゆえに苦難の中から主を呼ぶのです。
弱い者が、主に救い出していただきながら、したたかに生きている。それが神を証しするということであります。

慈しみに生きる人

あなたの慈しみに生きる人に
あなたは慈しみを示し……
心の曲がった者には背を向けられる。

詩編一八篇二六、二七節

神の慈しみを信じ、その慈しみを頼みとして生きるほか術《すべ》のない「心の貧しい」(マタイによる福音書五章三節)人間に、神はひたすら慈しみをもって応えてくださいます。

神を疑いながら歩む人間には、ついに神の慈しみの御手は見えません。

蓄え

さあ、これから先何年も生きて行くだけの蓄えができたぞ。ひと休みして、食べたり飲んだりして楽しめ。

ルカによる福音書一二章一九節

金持ちの農夫は思わぬ収穫を得ることができたとき、上機嫌で自分自身に言いました。さあ、安心、何の心配もなくなった、一生額に汗することなく毎日をエンジョイして暮らすことができるぞ、と。

しかし、生涯を苦労なく面白おかしく暮らして、人間は「命」（一五節）を失うのです。貧しい人間が日々神の御手から今日の糧を求めて生きていくこと、その中で人は、人間の命の豊かさを得るのです。

人は蓄えによって人間の命を守ることはできません。

自分を愛する

律法全体は、「隣人を自分のように愛しなさい」という一句によって全うされるからです。

ガラテヤの信徒への手紙五章一四節

自分を愛する――簡単なことのように思われますが、簡単なことではありません。人は自分を愛せないので、他人を愛することができないのです。自分を受け入れられないので、隣人を受け入れることができないのです。

神が自分を受け入れてくださる、そのことが分かって自分を受け入れることができるようになります。この罪人を神が独り子イエスという犠牲を払って、ご自分のもとに引き寄せてくださったのだ――そのことが分かって、自分を赦し、他者を赦すことができるようになるのです。

清い者と清くない者

既に体を洗った者は、全身清いのだから、足だけ洗えばよい。あなたがたは清いのだが、皆が清いわけではない。

ヨハネによる福音書一三章一〇節

イエスは裏切る者をご存知でした。ご存知でしたが、ユダの足も洗われたのです。他の弟子たちと同様に。

ユダと弟子たちの違いはどこにあるのでしょう。他の弟子たちは主イエスに汚れた足を洗っていただいたことを感謝しました。ユダはその主の憐れみを受けましたが、感謝しませんでした。神の御子の献身を、ありがたい、もったいないと思っている者が、神に「清い」とされているのです。

鎖を用いてさえ

この人は墓場を住まいとしており、もはやだれも、鎖を用いてさえつなぎとめておくことはできなかった。

マルコによる福音書五章三節

墓場を住まいとしていたということは、死と直面していたということであります。生身《なまみ》の人間は、死とまともに向き合うことはできません。人間が壊れてしまいます。この世の知識や常識で抑え込もうとしても、抑え込むことはできません。「鎖を用いてさえつなぎとめておくことはできなかった」とある通りです。

十字架の死によって死を滅ぼしてくださった救い主イエスに出会って、初めて存在の根っこにある不安から解放されるのです。

病人を抱えて

日が暮れると、いろいろな病気で苦しむ者を抱えている人が皆、病人たちをイエスのもとに連れて来た。イエスはその一人一人に手を置いていやされた。

ルカによる福音書四章四〇節

人はだれでも生きておれば、だれかの病を抱えているのです。だれにも煩わされず生きることはできません。それが生きるということです。でも、その病を一人で抱え込むことはできません。それで主イエスのもとに連れて行くのです。主は受け止めて、その一人一人に手を置いてくださいます。身近な人の病を担い、救い主に祈り委ねていくとき、わたしたち自身がいやされる経験をするのです。

善なる神

あなたは善なる方、すべてを善とする方。
あなたの掟を教えてください。

詩編一一九篇六八節

神にはいかなる意味でも悪意はありません。天地を創造し、「良しとされた」（創世記一章四節）神は、どのような状況をも必ず「善」に造り替えてくださいます。

ただ、今現在は、神が「善」を創造していてくださるプロセスだということを忘れないために、目を上げて、祈りを絶やさないようにしましょう。

弟子たちに配らせ

イエスは五つのパンと二匹の魚を取り、天を仰いで賛美の祈りを唱え、パンを裂いて、弟子たちに渡しては配らせ、二匹の魚も皆に分配された。

マルコによる福音書六章四一節

五つのパンと二匹の魚。自分たちにはこれしかない。弟子たちはそう思って主イエスに差し出しました。イエスは受け取り、神に感謝し、賛美しました。イエスは五つのパンと二匹の魚が「ある」ことに感謝したのです。イエスにとって、ゼロではないのです。弟子たちには自分たちの差し出した賜物を主から受け取り直し、人々の中に出て行きました。

礼拝において、わたしたちは小さな賜物を主から受け取り直して、世に出て行くのです。主は御業のために用いてくださいます。

卑しめられた

卑しめられたのはわたしのために良いことでした。
わたしはあなたの掟を学ぶようになりました。

詩編一一九篇七一節

こんこんと教えを受けてよく分かるようになったというのではありません。つまずいたのです。失敗したのです。恥ずかしい目に遭いました。そうして神の言葉の正しいことが身に染みて分かりました。

挫折しなければ学べなかった神の真理というものがありました。

災難と祝福

災難は罪人を追う。
神に従う人には良い報いがある。

箴言一三章二一節

神を知らなければ、人生は災難に追われるものになります。「一難去ってまた一難」。

神を信じる者は知っています。どんな災難にも終わりがあり、その終わりは祝福に変えられる、ということを。

水のほとりの木

彼らは草の生い茂る中に芽生え
水のほとりの柳のように育つ。

イザヤ書四四章四節

信仰は、瞬く間に急速に育つというものではありません。根っこから、日々生命の水を汲み取りつつ、次第に育ってゆくのです。気がつけば、空の鳥が宿るほどの大木になっています（マタイによる福音書一三章三二節）。御言葉を日々吸収しながら着実に育った木だから、他を安らがせる強さが与えられているのです。

礼服

王が客を見ようと入って来ると、婚礼の礼服を着ていない者が一人いた。王は、「友よ、どうして礼服を着ないでここに入って来たのか」と言った。

マタイによる福音書二二章一一節

神の国にいるにふさわしい礼服とは何でしょうか。立派な行いでしょうか。そうではありません。救い主からいただく「罪の赦し」という礼服です。罪の赦しという礼服を着て、罪人が天下晴れて天国の祝宴の席に着くのです。パウロはそのことを「キリストを着る」（ガラテヤの信徒への手紙三章二七節）と言いました。

贖う方

わたしに代わって争い、わたしを贖い
仰せによって命を得させてください。

詩編一一九篇一五四節

自分の意志と努力で道を開いていく、それが人生、と多くの人は考えながら生きています。しかし、人生の重大な深刻な節目《ふしめ》では、人はしばしば「まな板の鯉」になるのです。その時、自分をゆだねることのできる方を持っている、それが信仰であります。

神はわたしたちに「代わって」立ち上がり、「争い」、「贖」って（救い出して）くださいます。

勧めに聞き従う

無知な者は自分の道を正しいと見なす。
知恵ある人は勧めに聞き従う。

箴言一二章一五節

正しく歩める人はいません。間違える歩みを絶えず神に正していただきながら歩む人が「正しい」とされるのです。自分は正しい、間違えていないと言い張りながら、人間は歩むべき道から外れて行くのです。

あとがき

「聖句断想」は五冊まで出していただきました。それらはすべて三十一年間牧会した松山番町教会の週報から採ったものでした。

この度のものは、その後二〇一二年に赴任した久万教会の週報から採ったものです。四国山地にあるこの教会で、改めて伝道の容易でない状況を実感しています。しかし、苦しいとかつらいとか、そういうことはありません（この八年間で受洗者は五名でした）。

今の時代、教会がしなければならないことは、福音に深く聴くことだと思っています。深く聴かれた福音は泉のように、どこかに溢れ出る時が必ず来ると信じています。

この度も『朝の道しるべ――聖句断想366日』の編集をしてくださった髙木誠一氏に丁寧な校正をしていただきました。感謝しています。

聖句索引

旧約聖書

◆著者紹介

小島誠志（おじま・せいし）

1940年生まれ。1958年，日本基督教団須崎教会にて受洗。1966年，東京神学大学大学院修了。高松教会，一宮教会，松山番町教会を経て，現在久万教会牧師。1996－2002年，教団議長（3期）。
著書に『わかりやすい教理』『牧師室の窓から』『55歳からのキリスト教入門』（日本基督教団出版局），『夜明けの光』（新教出版社），『神の朝に向かって』『愛に根ざして生きる』『神の庭にやすらう』『疲れたものに力を』『わたしを求めて生きよ』『朝の道しるべ』『虹の約束』（教文館）。共著に『きょうを生きる祈り』『祈りの小径』（日本基督教団出版局），『喜びも，悲しみも』『夜も昼のように』（教文館）がある。

見出された命――聖句断想 6

2020年3月30日　初版発行

著　者　小島誠志
発行者　渡部　満
発行所　株式会社　教文館
〒104-0061　東京都中央区銀座4-5-1
電話 03(3561)5549　FAX 03(5250)5107
URL　http://www.kyobunkwan.co.jp/publishing/
印刷所　モリモト印刷株式会社

配給元　日キ販　〒 162-0814　東京都新宿区新小川町9-1
電話 03(3260)5670　FAX 03(3260)5637

ISBN978-4-7642-6034-4　Printed in Japan